O livro dos grandes opostos psicológicos

Texto de
Oscar Brenifier

Ilustrações de
Jacques Després

Tradução de
Beatriz Magalhães

1ª reimpressão

autêntica

Complicado e simples 4-9

Idealista e realista 10-15

Individualista e altruísta 16-21

Sério e brincalhão 22-27

Ativo e contemplativo 28-33

Sincero e dissimulado 34-39

Sensorial e racional 40-45

Constante e inconstante 46-51

Expansivo e discreto 52-57

Inquieto e tranquilo 58-63

*Para Isabelle, por sua áspera dedicação...
Para todos aqueles que mostram o oposto
da situação e o lado de lá do mundo...*
O.B

Desde a infância, a gente aprende a se conhecer ao mesmo tempo em que descobre os outros.

Interagimos com pessoas que são como nós e com outras de caráter completamente diferente. Às vezes, a gente tem a sensação de ser incompreendido, de estar contra a parede, ou de ser um estranho entre os seus semelhantes.

Procurar entender a psicologia do caráter humano é um grande passo na direção daqueles que nos parecem estranhos, mas também em direção a nós mesmos. É descobrir diferentes visões de mundo, diferentes maneiras de ser. É também se dar conta de que toda qualidade pode se tornar um defeito, todo defeito, uma qualidade.

Este livro apresenta dez pares opostos de caráter, de indivíduos. Existem os tipos sérios e os brincalhões, os simples e os complicados, os expansivos e os discretos... E muitas personalidades bem resolvidas que, por vezes, têm dificuldade de se compreender e de se aceitar.

Em um par de indivíduos, cada personalidade é definida em suas riquezas e em seus excessos, que podem despertar atração ou provocar tensões. Pois a singularidade, a estranheza, nos faz ir além de nós mesmos. No entanto, por mais diferentes ou perturbadores que certas pessoas pareçam, **há sempre um pouco da gente nos outros, um pouco dos outros na gente...**

Como um espelho, este livro nos convida a meditar com acuidade, sobre aquilo que unifica os seres humanos, e sobre o que há de específico e imutável no que define cada um de nós... Uma experiência filosófica que a gente pode ter em todas as idades da vida.

complicado | simples 1

O complicado vê o mundo como uma multiplicidade de elementos.

Raramente ele aceita as coisas como são. Pensa que é necessário analisar e dissecar tudo, pois as aparências enganam. Acredita que o mundo é complexo, constituído de múltiplas relações, de nós e de cantos escuros. É por isso que nunca deixa de duvidar de tudo, de considerar todas as possibilidades.

O simples percebe as coisas em sua unidade e em sua evidência.

Ele é por natureza confiante e não complica sua vida. Aceita as coisas como elas acontecem, sem se preocupar com o que possa acontecer, sem buscar analisar tudo. Não se preocupa com detalhes, percebe e descreve a realidade com equilíbrio.
Para ele, o mundo é bastante harmonioso e benfeito.

complicado | simples : 2

O complicado é muitas vezes exigente consigo mesmo e com os outros. Você pode contar com ele para examinar com cuidado e rigor todos os aspectos de uma situação complexa. Mas, como leva em conta diferentes tipos de problemas, tende a ser indeciso, não sabendo o que decidir ou como agir. Ele pode também se perder nos detalhes, tornar-se confuso ou se contradizer.

complicado | simples : 3

O simples não espera grande coisa dos outros nem de si mesmo. Tem uma visão clara das coisas e dos seres. Humilde, ele não tenta provar que é mais esperto do que os outros. Como gosta da facilidade, não busca ir além do que já sabe, o que o torna, por vezes, um pouco ingênuo.

idealista | realista 1

O idealista acredita nas ideias e busca o ideal.

Ele acha que o mundo é imperfeito. Procura realizar o que lhe parece justo, verdadeiro, bom ou belo e empenha nisso todos os seus esforços. Não hesita em assumir tarefas impossíveis. Ou escolhe ver apenas o melhor em tudo.

O realista aceita o mundo tal como ele se apresenta.

Ele desconfia das ideias, que muitas vezes considera enganosas: prefere o que é material, o que pode tocar e medir. Leva em conta o que percebe, o que é atual e presente, não o que poderia acontecer. Quer mostrar os fatos objetivamente, não distorcidos por impressões pessoais.
Aceita a realidade, mesmo desagradável, e age em função do que é possível e necessário.

idealista | realista 2

O idealista é um ser cheio de esperança e entusiasmo, um exemplo para todos, sobretudo quando obtém êxito no que empreende. Faz a humanidade progredir, criando e aumentando desafios ambiciosos. Mas o idealista nem sempre passa à ação: é também um sonhador. Ele se inebria com palavras e ideias em que acredita, ignorando tudo o que o incomoda. Suas ilusões podem decepcioná-lo. Então, ou ele desiste ou persiste cegamente, por sua conta e risco.

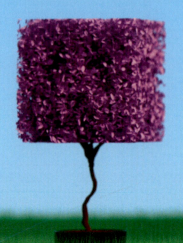

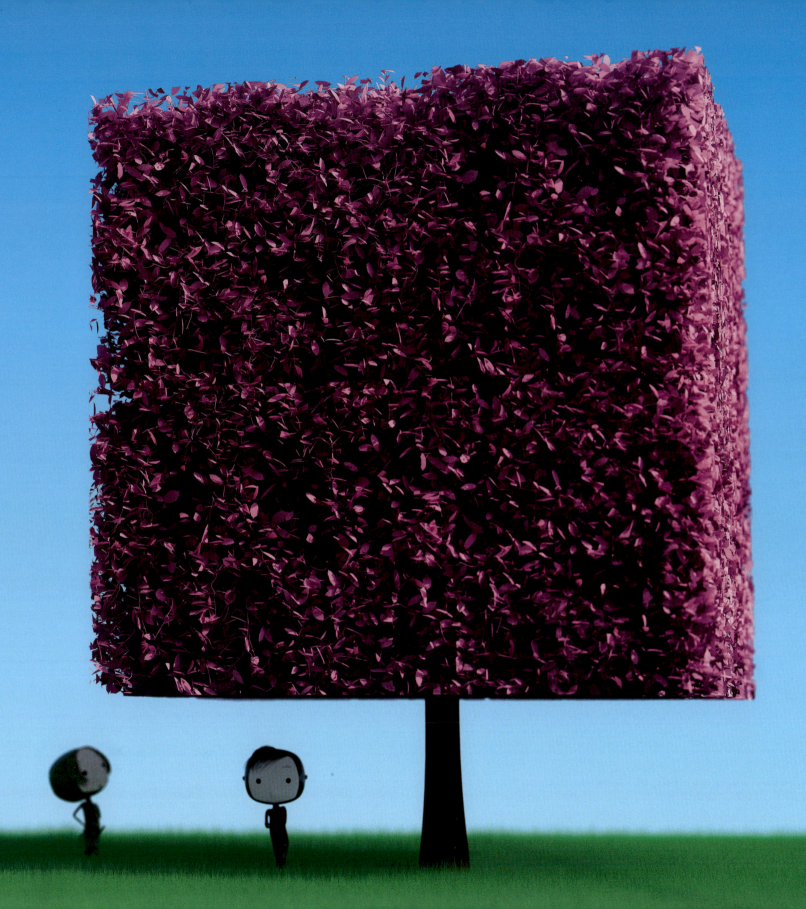

idealista | realista : 3

O realista acredita só no que pode comprovar. Afirma o que tem certeza. É por isso que não cria falsas esperanças em relação ao mundo, aos outros ou a si mesmo. Mas nem sempre percebe que as coisas poderiam ser diferentes do que são ou parecem ser. Como pensa muito pouco no futuro, ele raramente se preocupa em criar ou descobrir o novo para melhorar ou transformar o mundo.

individualista | altruísta 1

O individualista encontra nele mesmo sua razão de ser.

Ele se preocupa com o que é e com o que faz. Age em função de suas ideias, de seus interesses, de seus planos. Está convencido de que todas as pessoas só pensam em si mesmas e acha isso normal. Procura proteger-se dos outros, que, segundo acredita, podem ameaçá-lo ou competir com ele, a menos que aceitem agir como ele deseja.

O altruísta precisa dos outros para existir.

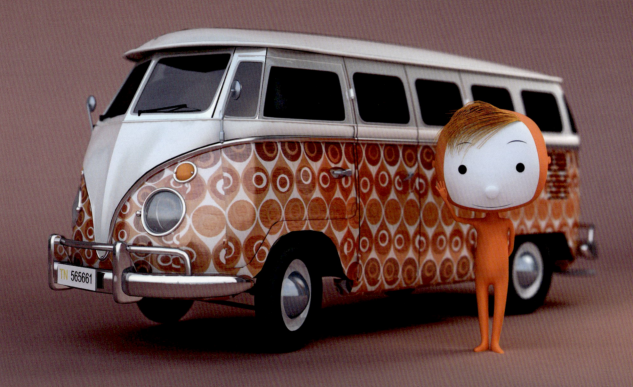

Ele acredita que existe através de seus laços com os outros: as pessoas próximas, a sociedade ou toda a humanidade. Dá importância ao amor, à amizade, à família ou à nação.
Busca agir pelo bem dos que o cercam ou para agradá-los.
Ele precisa de reconhecimento.

individualista | altruísta : 2

O individualista é livre e independente, pois não se preocupa em agradar os outros ou em saber o que pensam dele. Assume integralmente seus atos e não responsabiliza o outro ou a sociedade. Como se importa principalmente com o que lhe interessa e age no sentido de seus interesses, ele tende a defender o cada um por si, mesmo que isso vá contra a moral comum.

individualista | altruísta 3

O altruísta tende a ser generoso e solidário, a se preocupar com os outros ou a privilegiar os outros. A importância que atribui aos sentimentos e à moral comum permite que se integre facilmente em um grupo e atue bem em conjunto. Mas, por medo de ferir ou de ser ferido, por falta de confiança em si mesmo e nos outros, às vezes ele tem dificuldade de manifestar francamente o próprio ponto de vista. Muitas vezes, prefere se alinhar com o que os outros pensam e fazem.

sério | brincalhão 1

O sério acha que tudo na vida é importante.

Segundo ele, nenhuma decisão deve ser tomada sem examinar bem as coisas, pois tudo pode ter implicações e consequências. Ele se sente responsável pelo que assume e usa sua energia para agir da melhor maneira. Quer fazer as coisas com perfeição e ir até o fim com seus planos.

O brincalhão acha que a vida é apenas distração.

Ele acredita que tudo é pretexto para se divertir, correr riscos e aceitar desafios.
O brincalhão conta muito com a sorte, que, segundo ele, faz bem as coisas.
Precisa se sentir livre e ter prazer para se envolver por completo em uma atividade.
Ele não suporta agir sob coação.

sério | brincalhão | 2

O sério é confiável: você pode contar com ele. Não ouve os próprios desejos. Sabe se envolver e não tem medo do esforço nem do trabalho, o que lhe dá vantagens para vencer na vida. Mas às vezes ele tem uma opinião elevada de si mesmo, pode se tornar insuportável para os outros, pois os força a dar muita importância a tudo o que é dito ou feito.

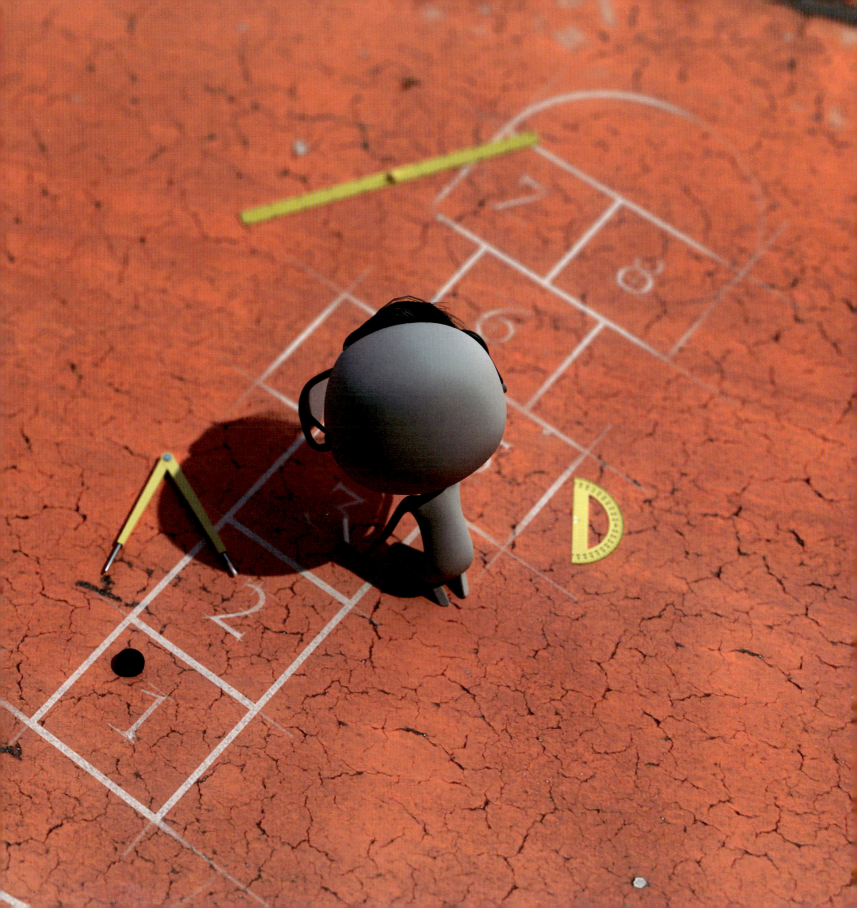

sério | **brincalhão** 3

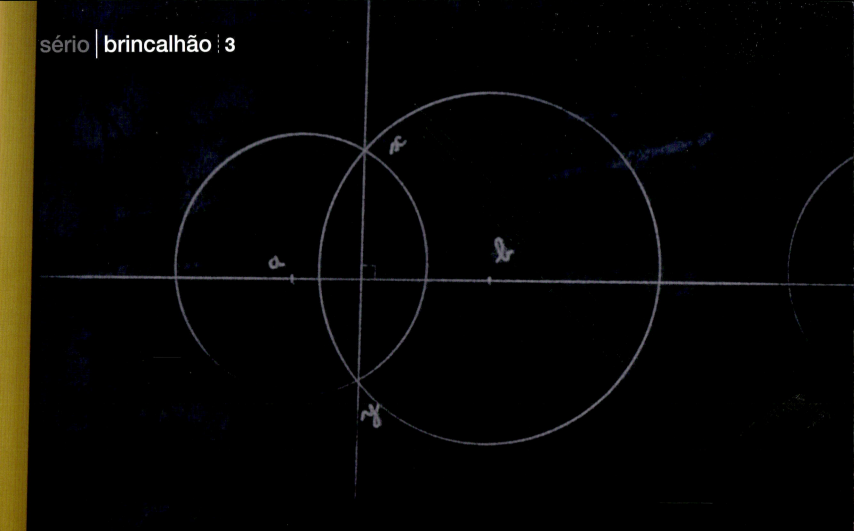

O brincalhão é agradável para conviver, pois toma a vida pelo lado bom e não exige nada dos outros. É engraçado, encara os problemas com leveza, sabe se contentar com pouco e vive no presente. Adora se envolver em ações inesperadas. Como nada é grave para ele, pode tratar as coisas ou as pessoas sem consideração, e mesmo feri-las, sem perceber. Imprevisível, ele pode se aborrecer com facilidade, ter dificuldade em se comprometer e ser mau perdedor.

ativo | contemplativo 1

O ativo concebe a existência como uma atividade incessante.

Não para quieto. Age para se sentir vivo e porque isso dá sentido a sua vida. Pensa que, na vida, é preciso ter projetos e realizá-los. Age porque agir é interessante, útil, bom ou necessário. Ama a eficiência e considera facilmente que, se ele mesmo não faz as coisas, nada será feito.

O contemplativo gosta de observar tudo o que o rodeia.

Ele é centrado, por vezes passivo. O esforço não lhe interessa e, até, lhe é penoso. O contemplativo quer ver e saber sem se cansar. Ele reflete sobre grandes ideias ou grandes feitos por prazer e porque aprecia a beleza, sem buscar qualquer finalidade para ela. Sabe se contentar com o cotidiano, aproveitar o momento presente.

ativo | contemplativo | 2

O ativo é dinâmico e entusiasmado. Tem grande senso prático e pode fazer várias coisas ao mesmo tempo. Mas, como quer terminar o que começou, às vezes se mostra confuso e agitado. Sabe se encarregar dos problemas e resolvê-los: é capaz de ajudar os outros. No entanto, se acha as pessoas muito lentas e brandas, tende a impor sua maneira de ser, o que cansa seus companheiros.

ativo | contemplativo | 3

O contemplativo segue o tempo da vida; é calmo e tranquilo, apaziguador, de humor pacífico. Sabe encarar as coisas com distanciamento. Foge do esforço e do incômodo e tende a empurrar seus projetos para o futuro. Sonha com grandes realizações, mas, como lhe custa perseverar, às vezes abandona o que começou.

sincero | dissimulado 1

O sincero diz o que pensa e acredita no que diz.

Ele sempre diz a verdade e age segundo suas convicções, mesmo que isso crie problemas. Reage imediatamente ao que é dito, sem esconder seus pensamentos, intenções e emoções. Julga os outros o tempo todo e dá conselhos sobre tudo, confiando em seus sentimentos e opiniões.

O dissimulado diz apenas o que lhe parece útil ou eficaz.

Ele pensa que o mundo está cheio de armadilhas, que as aparências enganam e que devemos desconfiar de tudo e de todos. Sabe que as coisas mudam constantemente, e as mudanças bruscas de situação não o surpreendem. É calculista, é esperto. Sempre tenta prever o que pode acontecer para conseguir o que quer, evitando os conflitos, a não ser que sejam necessários aos seus interesses.

sincero | dissimulado : 2

O sincero é espontâneo e honesto. Fala sem tentar manipular os outros. Muitas vezes, tem natureza gentil e sensível, leva as coisas a sério: sua ingenuidade o faz simpático e cativante. Mas, como está convencido de ser boa pessoa e sempre dizer a verdade, pode carecer de isenção e de senso crítico. Não pensa nas consequências de seus atos e às vezes chega a discutir ou a se tornar ridículo.

sincero | dissimulado : 3

O dissimulado é dotado de um grande senso prático. Bom ator, fala e atua com um objetivo preciso. Está consciente dos efeitos que causam suas palavras e ações, pois entende como funciona o mundo e os outros. Mas tende a fazer tudo em proveito próprio, a considerar que seu interesse particular é prioritário. E como, para ele, todos os meios são bons para atingir seus objetivos, pode mentir ou manipular as pessoas.

sensorial | racional 1

O sensorial vive principalmente com o corpo.

Para ele, a realidade é principalmente material, concreta, pois as ideias não têm substância.
O sensorial adora tocar, sentir, ouvir, ver, provar: quer experimentar o mundo pelo contato
direto, o que lhe parece mais confiável e satisfatório do que apenas pensar.
Ele ouve o que dizem seus sentidos, pensa e fala através de seu corpo.

O racional quer captar tudo com o intelecto.

Para ele, a realidade é um enigma a decifrar: deve-se primeiro entender, e só agir quando necessário. O racional explica as coisas por meio de ideias e quer nomear tudo o que encontra: isso o faz sentir que controla melhor o mundo e que se conhece mais. Para ele, o conhecimento é a melhor forma de ter poder.

sensorial | racional : 2

O sensorial tem mais confiança no próprio corpo e na própria experiência do que no conhecimento dos outros. Isso porque quer experimentar tudo, mesmo que seja arriscado. Muitas vezes, não gasta tempo para pensar: ele se precipita sem avaliar as consequências de suas ações e, por essa atitude inconsequente, pode se mostrar violento ou grosseiro.

sensorial | racional : 3

O racional é prudente e centrado. Tem consciência das implicações de suas decisões e de seus atos. É inventivo, procura compreender os outros e a si mesmo, tem sede de saber. Mas, muito ocupado com seus pensamentos, ele se esquece facilmente da realidade e às vezes se perde em reflexões intermináveis que podem impedi-lo de agir. Acredita que sempre sabe tudo: tende, por isso, a se mostrar frio e pretensioso.

constante | inconstante 1

O constante privilegia a regularidade dos seres e das coisas.

O mundo está dividido entre o que é familiar, onde ele fica à vontade, e o espaço, uma imensidão onde se sente exilado. Raramente se aventura fora de suas fronteiras e de seus hábitos, pois gosta de manter as próprias referências e estabelecer relações duradouras. Constrói sua vida levando em conta o passado e aproveita o que adquire.

O inconstante procura a variedade sob todas as suas formas.

Ele considera o mundo como um lugar de descobertas e novidades estimulantes. Ele se cansa de lugares e atividades que já conhece e das pessoas com quem convive. A repetição o entedia; preza acima de tudo a própria liberdade.

constante | inconstante | 2

O constante é sempre igual. Sabe se envolver e mostrar-se fiel, o que facilita o relacionamento com os outros. Não busca novidade a todo custo, pois não teme o tédio. Sempre cuidadoso, não vai atrás do que é estranho ou estrangeiro e pode se tornar um prisioneiro de seus hábitos ou da tradição a ponto de se mostrar tenso ou rígido.

constante | inconstante 3

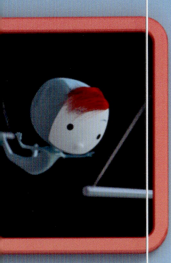

O inconstante adapta-se facilmente a novas situações. Tem imaginação e iniciativa. É aberto a qualquer inovação. Por isso, pode ser um fator de progresso na sociedade. Mas, como segue antes de tudo os próprios humores ou intuições, ele chega muitas vezes a mudar de ideia, ou a se mostrar instável, o que por vezes o torna antissocial.

expansivo | discreto 1

O expansivo precisa ser visto e ouvido.

Ele se exprime muito – por palavras, imagens, gestos, criação artística. Não lhe basta existir: é preciso que exiba sua vida, que demonstre diante de todos o próprio valor ou o valor do mundo. Procura sempre o olhar dos outros, adora se mostrar ou discutir. Refaz o mundo permanentemente e tende a acreditar em tudo o que conta.

O discreto se manifesta o mínimo possível.

Ele desconfia das palavras: elas podem mentir, descrever mal a realidade ou, ainda, desvendar seu ser, o que ele não deseja. Só se manifesta quando lhe parece indispensável, ou quando se sente confiante. Ora dá pouco valor às palavras, preferindo ações concretas, objetividade e fatos, ora dá um peso excessivo às palavras, temendo que elas revelem ou traiam seus sentimentos e pensamentos.

expansivo | discreto 2

O expansivo é bom companheiro. Aprecia a presença dos outros: não se nega a entabular conversa, não busca esconder o que é ou o que faz. Animado, pode acabar falando besteira, pois gosta de ficar em evidência. Muitas vezes é autocentrado e, convencido quanto ao que tem a dizer, tem dificuldade para realmente prestar atenção nos outros, exceto quando se trata de saber o que pensam dele.

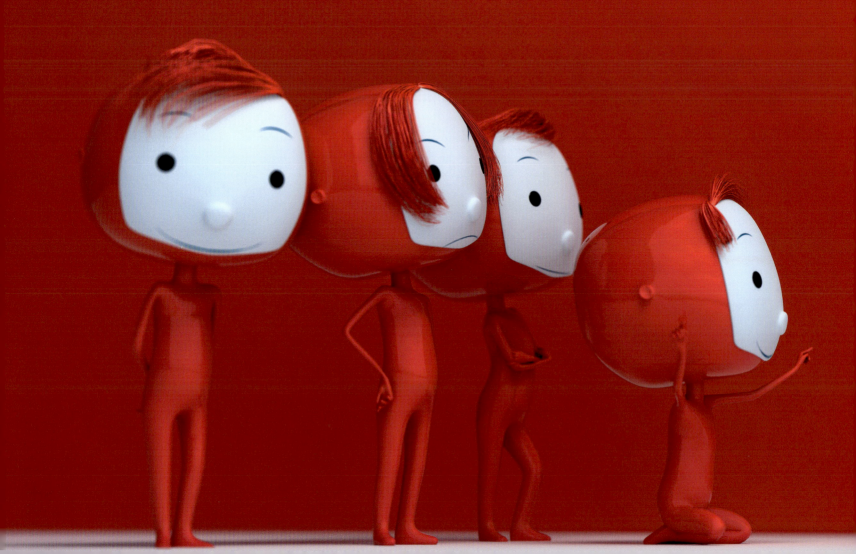

expansivo | discreto 3

O discreto não incomoda os outros: não é invasivo ou barulhento. Respeita a liberdade de cada um, sabe manter segredo e não tenta dominar ninguém. Mas, por trás desse respeito, muitas vezes se esconde uma forma de timidez. Como pensa que as pessoas podem ameaçá-lo ou agredi-lo, tem medo de se manifestar. Com frequência, é calculista: aguarda a hora de sair da sombra e expressar o que realmente quer.

inquieto | tranquilo 1

O inquieto se preocupa com tudo e com nada.

Ele nunca está em repouso. Preocupa-se com o que acontece, com o que acontecerá, com o que poderia acontecer e até com o que já aconteceu. Nada pode tranquilizá-lo ou satisfazê-lo completamente, pois ele tende a ver problemas por toda parte. Quer pensar em tudo, incluindo detalhes, pois muitas vezes teme esquecer algo importante.

O tranquilo se mantém calmo e distante.

O tranquilo é flexível, pois não quer nem espera nada, o que faz dele uma espécie de sábio. Fatalista, tende a pensar que as coisas que devem acontecer acontecerão, sejam elas boas ou ruins. Aprecia mais do que tudo a própria tranquilidade. Um nada o satisfaz. Evita tanto quanto possível barulhos e perturbações. Sabe como se adaptar às situações para não se deixar incomodar.

inquieto | tranquilo | 2

O inquieto quer levar tudo em consideração; por isso, reflete muito. É animado e reativo e não se cansa de pensar: manifesta ideias originais, e tudo o que encontra o leva a fazer perguntas, por vezes, muito surpreendentes. Ele não gosta de incerteza; no entanto, não pode ter certeza de nada. É, portanto, muitas vezes insatisfeito, o que pode torná-lo infeliz.

O tranquilo não gosta de conflitos, o que torna a vida fácil para ele. Sabe como aproveitar o mundo como ele é e vive o dia a dia, mas é capaz de se esforçar quando necessário. Como é bastante confiante, não tenta mudar o curso das coisas ou defender seus projetos; às vezes, faltam-lhe energia e ambição. Seu desejo de conforto físico e mental pode torná-lo egocêntrico.

O autor

Oscar Brenifier, doutor em Filosofia e educador francês, trabalhou em inúmeros países promovendo ateliês de filosofia para adultos e de prática filosófica para crianças. Publicou, para adolescentes, a coleção L'Apprenti-Philosophe (O Aprendiz de Filósofo), pela Editora Nathan, e o livro *Question de logiques!* (Questão de lógicas!), pela Seuil Jeunesse. Para crianças, lançou as coleções PhiloZenfants (FilôCrianças), também pela Nathan, traduzida em diversas línguas, e Les Petits Albums de Philosophie (Pequenos Álbuns de Filosofia), pela Autrement, assim como os manuais para educadores *Enseigner par le débat* (Ensinar pelo debate), pela CRDP, e *La pratique de la philosophie à l'école primaire* (A prática da filosofia na escola primária), pela Sedrap. É um dos autores do relatório da UNESCO sobre a filosofia no mundo: *La philosophie, une école de liberté* (Filosofia, uma escola de liberdade).
www.brenifier.com

O ilustrador

Jacques Després, também francês, ingressou na École des Beaux-Arts (Escola de Belas Artes) em 1985. No início dos anos 1990, decidiu se dedicar a um meio que apenas começava a existir: a imagem virtual. Essa escolha o levou a trabalhar em campos tão variados como documentários, videogames, arquitetura e cenografia. Hoje, Jacques Després é ilustrador e continua sua reflexão sobre o espaço, o corpo, a luz, explorando as relações singulares que as palavras podem ter com as imagens.
www.jacquesdespres.eu

O livro dos grandes opostos filosóficos, primeira parceria dos dois autores, foi contemplado com o Prix de la Presse des Jeunes 2008 (Prêmio da Imprensa Jovem 2008), o Prix Jeunesse France Télévisions 2008 (Prêmio Juventude da Televisão Francesa 2008) e o prêmio La Science se Livre 2009 (A Ciência se Liberta 2009). Foi traduzido em 18 línguas.

Copyright © 2014 by Éditions Nathan, Paris – France
Copyright © 2014 Autêntica Editora

Título original: Le livre des grands contraires psychologiques

Todos os direitos reservados pela Autêntica Editora. Nenhuma parte desta publicação poderá ser reproduzida, seja por meios mecânicos, eletrônicos, seja via cópia xerográfica sem a autorização prévia da editora.

EDIÇÃO GERAL
Sonia Junqueira

REVISÃO
Lúcia Assumpção
Eduardo Soares

DIAGRAMAÇÃO
Diogo Droschi

GRUPO **AUTÊNTICA**

Belo Horizonte
Rua Carlos Turner, 420 . Silveira
31140-520 . Belo Horizonte . MG
Tel.: (55 31) 3465 4500

São Paulo
Av. Paulista, 2.073 . Conjunto Nacional
Horsa I . 23º andar . Conj. 2310-2312
Cerqueira César . 01311-940 . São Paulo . SP
Tel.: (55 11) 3034-4468

www.grupoautentica.com.br

Dados Internacionais de Catalogação na Publicação (CIP)
(Câmara Brasileira do Livro, SP, Brasil)

Brenifier, Oscar
 O livro dos grandes opostos psicológicos / texto de Oscar Brenifier ; ilustrações de Jacques Després ; tradução Beatriz Magalhães. – 1. ed.; 1 reimp. – Belo Horizonte : Autêntica Editora, 2019. – (Coleção Filô Ideias)

 Título original: Le livre des grands contraires psychologiques.
 ISBN: 978-85-8217-268-1

 1. Crianças e filosofia 2. Literatura infantojuvenil I. Després, Jacques. II. Título. III. Série.

14-00500   CDD-028.5

Índices para catálogo sistemático:
1. Literatura infantil 028.5
2. Literatura infantojuvenil 028.5